Publicado por Adam Gilbin

@ Vicente Serbin

Dieta Alcalina: Dieta Alcalina Deliciosa Y Saludable

Y Cuerpo Y Para Perder Peso Y Quemar Grasa

Todos los derechos reservados

ISBN 978-87-94477-51-2

TABLA DE CONTENIDO

té De Apio Con Menta Y Diente De León 1

Té Helado Estilo Hinojo 3

Sopa De Patata Cremosa 4

Sopa De Tortilla Con Queso Picante 6

Ensalada De Aguacate Con Aderezo De Comino 10

Smoothie Delicioso Y Energético De Bayas Y Espinaca .. 13

Vegan Fried Ube 15

Ensalada De Fideos De Pepino Con Aderezo De Cereza. 17

Tostada Francesa... 19

Panqueques De Manzana 21

Delisiosa Pasta De Limón................................. 22

Pasta Con Calabazin Cremoso 25

Gachas De Plátano Y Cebada............................. 28

Muffins De Calabacín 29

Gachas De Mijo 31

Alisador De Almendra Y Coco............................ 32

Batido De Calabacín Y Calabaza 34

- Smoothie Con Germinados Y Camotes 36
- Sopa Con Cebolla Y Queso Suizo 38
- Sopa De Calabazas 40
- Burrito De Quinoa 42
- Quinoa Matutina De Avena 44
- Ensalada De Quinoa Tailandesa 45
- Kimchi Casero 47
- Spaghet Ti Squash Cazuela 50
- Ensalada De Aguacate Para El Desayuno 53
- Ensalada De Brotes Mixta 55
- Comida De Poder Energizante 57
- Zanahorias Guisantes Y Brocoli En Salsa De Curry De Coco 59
- Fritura De Verduras Y Yaca 62
- Panqueques De Zucchini 64
- Hash De Calabaza 66
- Batido De Vegetales Y Granada Con Remolacha 68
- Zumo De Calabacín Rápido 70

Jugo De Coco Y Limón 72

Sopa De Berenjenas Y Zanahoria............... 74

Sopa De Pepino, Aguacate Y Calabacín 77

Patatas Con Chilles 79

Desayuno Guerrero Chía 81

Aderezo De Sésamo Asiático Y Fideos............... 83

Papas Al Ajo Al Horno............... 85

Kale And Leeks Sal Ad............... 86

Sopa De Zanahoria Y Jengibre 88

Platanos Al Estilo Foster 90

Puré De Garbanzos............... 92

Desayuno De Quínoa Y Manzana 94

Avena Fría............... 96

Un Estofado Delicioso, Cálido Y Que Llena 98

Minestrones Abundante En Bondad 101

Gachas De Semillas De Cáñamo 103

Mezcla De Verduras 104

Quinua Y Especias De Calabaza 106

Té Helado De Limón Con Pepino 107

Té De Chile Caliente 109

Jugo De Coco Y Agua Con Pimienta 111

Ensalada De Verduras Y Hongos Moo Shu 113

Pasteles De Verduras 116

Pasta De Calabacines Con Verduras 119

Jugo De Manzana Y Limón 121

Menta-Lavanda-Té 123

Jugo De Jengibre Y Limón 124

Jugo De Canela Y Coco 126

Té De Apio Con Menta Y Diente De León

Ingredientes:

- 2 cucharadas de hojas de menta
- 4 cucharadas de hojas de cilantro
- 400 g de flores de diente de león
- 400 g de apio
- 3 litros de agua (alcalina)
- Un poco de Stevia para endulzar

Direcciones:

1. Hervir el agua.
2. Limpie bien las flores del diente de león colocándolo bajo el agua corriente.
3. Limpiar el apio.
4. Añadir el apio y el diente de león al agua hirviendo. Hervir durante 5 minutos
5. Colar el agua en una taza.

6. Endulzar con la stevia y añadir las hojas de cilantro por encima. Servir caliente.

Té Helado Estilo Hinojo

Ingredientes:

- 2,5 litros de agua (alcalina)
- 170 g de semillas de hinojo
- 1 cda. de semillas de hinojo
- Unos cubitos de hielo

Direcciones:

1. Hervir el agua.
2. Añadir las semillas de hinojo y dejar hervir durante unos 30 minutos.
3. Dejar enfriar antes de meterlo en el frigorífico toda la noche.
4. Verter en un vaso y cubrirlo con semillas de hinojo fresco y cubitos de hielo.

Sopa De Patata Cremosa

Ingredientes:

- ½ taza de queso cheddar, rallado
- ¼ taza de crema agria, grasa reducida
- 4 cucharaditas de cebollas verdes, en rodajas finas
- ½ cucharadita de sal
- ¼ cucharadita de pimienta negra molida fresca
- 4 papas
- ½ taza de cebolla picada
- 2 tazas de leche baja en grasa, dividida
- 1 ¼ tazas de caldo de pollo, bajo en sodio, sin grasa
- 3 cucharadas de harina para todo uso

- 2 cucharaditas de aceite de oliva

Direcciones:

1. Coloque las papas dentro del horno de microondas y caliente por 1 minuto, o hasta que estén tiernas. Dejar enfriar antes de cortar por la mitad.
2. Mientras tanto, vierta el aceite de oliva en una sartén. Una vez caliente, saltear la cebolla durante 2 minutos. Vierta el caldo de pollo.
3. En una olla, juntar la harina y la leche. Deje hervir mientras revuelve continuamente.
4. Condimentar con sal y pimienta. Retirar del fuego, y luego agregar la crema agria.
5. Pelar las papas y triturarlas en la sopa. Adorne la sopa con cebolla verde y queso. Servir.

Sopa De Tortilla Con Queso Picante

Ingredientes:

- ½ taza de queso, rallado
- 3 tazas de caldo de pollo
- ¼ taza de queso cheddar, rallado
- 2 tazas de agua
- 1 chile chipotle, picado
- 1 libra de solomillo
- ¾ cucharadita de sal, dividida
- 1 cucharada de aceite de oliva
- 1 pimiento rojo, picado a lo largo
- 2 chiles jalapeños, cortados a lo largo
- 2 tazas de cebolla picada
- 2 orejas de maíz en la mazorca

- 1 taza de zanahorias, en rodajas
- 6 dientes de ajo, picados
- ½ taza de cilantro fresco, picado
- 4 tortillas de maíz de 6 pulgadas cortadas en tiras
- 2 tazas de papas rojas, en cubos
- 1 huevo grande, batido
- 1/3 taza de migas de pan
- Spray para cocinar

Direcciones:

1. Mientras tanto, cubra el jalapeño y los pimientos en una bandeja para hornear con la piel hacia arriba.
2. Asar durante 6 minutos hasta que se ennegrezca. Transferir los pimientos en una bolsa. Dejar reposar durante 15 minutos. Picar

los jalapeños y picar la pimienta. Cortar el maíz de las mazorcas. Dejar de lado.

3. Ponga las tiras de tortilla en la bandeja para hornear. Cubra con el spray de cocina. A la parrilla durante 3 minutos, dando vuelta una vez. Dejar de lado.
4. En un tazón, combine el solomillo molido, las migas de pan, el chile chipotle, el diente de ajo, el huevo y la sal. Batir hasta que todos los INGREDIENTES: se junten. Forma en albóndigas.
5. Vierta el aceite en una sartén. Una vez caliente, cocine las albóndigas hasta que se doren por completo. No llene la olla. Transfiera a un plato.
6. Agregue los dientes de ajo, la cebolla, el pimiento, las zanahorias y las papas a la sartén. Cocinar durante 5 minutos. Vierta 2 tazas de agua y caldo. Cocine hasta que todas las verduras estén tiernas.

7. Vuelve a poner las albóndigas en la sartén. Sazonar con sal. Añadir el maíz. Dejar cocer a fuego lento durante 5 minutos más.
8. Para servir, servir en tazones. Adorne con quesos y cilantrio. Servir con tiras de tortilla.

Ensalada De Aguacate Con Aderezo De Comino

Ingredientes:

Para el aderezo:

- 1 cucharada de aceite de oliva virgen extra
- 1 taza de agua
- 2 limas exprimidas
- Pizca De Pimienta De Cayena
- 1 aguacate
- 1 cucharada de comino en polvo
- ¼ cucharadita de sal marina

Para el aderezo de limón tahini:

- ½ taza de agua
- ½ limón exprimido
- 1 cucharada de aceite de oliva extra virgen
- ¼ taza de tahini (mantequilla de sésamo)

- 1 diente de ajo
- ¾ cucharadita de sal marina
- Pimienta negra

Para ensalada:
- 3 tazas de col rizada
- ½ taza de fideos de algas escurridos
- 1/3 taza de tomates cherry cortados por la mitad
- ½ taza de floretes de brócoli
- ½ calabacín en espiral (fideos)
- 2 cucharadas de semillas de cáñamo

Direcciones:
1. Cocer al vapor el brócoli y la col rizada durante 4 minutos y reservar.

2. Agregue los fideos de calabacín y algas marinas y mezcle en una porción colmada del aderezo.
3. Añadir los tomates cherry y decorar con semillas de cáñamo.

Smoothie Delicioso Y Energético De Bayas Y Espinaca

Ingredientes:

- 1 taza de bayas congeladas (cualquier variedad)
- 1 plátano congelado
- 1 cucharada de aceite de coco
- ½ cucharadita de canela
- 2 tazas de espinacas frescas
- 2 tazas de leche de almendras
- 2 cucharadas de mantequilla de almendras crudas.

Direcciones:

1. Mezcla la espinaca y la leche de almendras primero, luego agrega los INGREDIENTES: restantes y mezcla todos los INGREDIENTES:

en un procesador de alimentos o licuadora hasta que todos los INGREDIENTES: estén cremosos y suaves. ¡Disfruta!

Vegan Fried Ube

Ingredientes:

- Aceite de coco para freír poco profundo.

- Azúcar de palma para quitar el polvo

- 1½ libras de ñame púrpura

- Agua para hervir

Direcciones:

1. Para preparar el ñame: coloque el ube en un horno holandés medio lleno de agua.
2. Poner a fuego alto, poner la tapa parcialmente. Hervir durante 20 minutos. Retírelo del calor; escurrir bien.
3. Pelar el ñame cuando esté lo suficientemente frío; Cortar grueso en medallones de tamaño desigual. Pat medallones secar utilizando paños de cocina.
4. Vierta el aceite en una sartén antiadherente a fuego medio. Cuando el aceite se vuelva

ligeramente ahumado, reduzca la temperatura a la posición más baja.
5. Deslice en unos pocos medallones de ñame. Cocine a fuego lento hasta que se doren; unos 10 minutos.
6. Coloque las piezas cocidas en una bandeja para hornear forrada con toallas de papel para eliminar el exceso de grasa.
7. Repita el paso hasta que todos los medallones de ñame estén cocidos.
8. Cuchara las mismas porciones en platos; espolvorear azúcar de palma en la parte superior. Servir.

Ensalada De Fideos De Pepino Con Aderezo De Cereza

Ingredientes:

Para la vinagreta

- 1 cucharadita mostaza de Dijon
- ½ taza de aceite de oliva
- Pizca de sal marina, ad d más si es necesario.
- ¼ cucharadita. Pure de tomate
- Cerezas frescas picadas, picadas
- Pizca de pimienta negra, al gusto.

Para la ensalada

- 2 rábanos rojos, cortados en juliana.
- 2 tomates, en juliana
- 2 pepinos, procesados en fideos como espaguetis

- 1 cabeza de lechuga mantequilla, cortada en rodajas gruesas

Direcciones:
1. Vierta puré de tomate, aceite de oliva, cerezas pequeñas, mostaza Dijon, sal y pimienta en un tazón para mezclar. Remover.
2. Transferencia a una botella con tapa ajustada. Agitar más lejos. Deje de lado hasta que esté listo para usar.
3. Ponga la mantequilla de lechuga, rábanos, tomates y pepino. Rocíe en la cantidad justa de vinagreta.
4. Tirar bien. Servir.

Tostada Francesa

Ingredientes:

- 1 cucharadita de sal
- 1 cucharadita de canela (molida)
- 1 cucharadita de extracto de vainilla
- 2 huevos
- Media taza de leche
- ¼ de cucharadita de nuez moscada

Direcciones:

1. Batir los huevos, leche, especias, extracto de vainilla y sal todo junto.
2. Después de esto, pon unas gotas de aceite en la sartén. Mantén el fuego bajo.
3. Remojar las rebanadas de pan en la mezcla.
4. Ahora coloca las rebanadas en la sartén. Fríe ambos lados.

5. Asegúrate de que las rebanadas estén doradas.
6. Puedes servirlas con mantequilla o mermelada.

Panqueques De Manzana

Ingredientes:

- ½ taza de harina
- 1 huevo (batido)
- ½ cucharadita de canela (molida)
- Arándanos

Direcciones:

1. Combina la canela con la harina en un recipiente. Luego de esto, agrega huevos y algo de leche. Bate la mezcla hasta que esté suave.
2. Agrega unas gotas de aceite de cocina en la sartén. Mantén baja la llama.
3. Pon la mezcla de manzanas en la sartén.
4. Esparce la mezcla y cocínala por 2 minutos.
5. Crea dos lotes separados de ellas.
6. Puedes servirlo con kiwi, arándanos y yogurt.

Delisiosa Pasta De Limón

Ingredientes:

- 1 calabacín pequeño
- 1 tomate
- ½ cebolla roja
- 2 puñados de espinaca y cualquier otro vegetal verde con hoja
- El jugo de 1 limón
- 1 cucharada pequeña de aceite de coco
- Pal de espelta (suficiente para dos)
- 1 cabeza pequeña de brócoli
- 1 puñado de guisantes
- 2 dientes de ajo
- Aceite de oliva

- Sal del Himalaya y pimienta negra al gusto

Direcciones:

1. Primeramente cocina la pasta.
2. Corta todos los verdes a un tamaño y forma que te agrade y cocina el brócoli muy ligeramente, al igual que los guisantes, cebolla roja, y calabacín en el aceite de coco.
3. Una vez que la pasta este lista, drénala y agrégala a la sartén junto con los verdes, agrega los tomates cortados y revuelve en el limón
4. Cuando este todo listo, sírvelo en un bol y rocíale un poco de aceite de oliva
5. Opcional: Me encanta el chile, así que le agrego un poco al final de la preparación ¡Sabe bien, está fresco, y un poco picante!

Pasta Con Calabazin Cremoso

Ingredientes:

- 12 hojas de albahaca
- 4 tomates
- 4 dientes de ajo
- 4 porciones de espelta de pasta de vegetales
- Aceite de oliva
- 1 calabacín
- 1 bolsa de rúcula
- ½ cebolla roja
- 1 un puñado de espárragos
- Opcional: Udo's para la salsa

Direcciones:

1. Comienza cocinando la pasta, una vez que esté lista, asegúrate de removerla del fuego antes de que se ponga pegajosa y esponjosa. Rocíala con aceite de oliva sí parece que se va a pegar y convertir en una bola gigante de pasta
2. Mientras se prepara la pasta, corta finamente la cebolla roja, y corta los tomates en pedazos pequeños. Ponlas a un lado junto a un puñado de Rúcula
3. Ahora es tiempo de preparar la salsa – coloca un calabacín cortado en pedacitos, la Rúcula restante, la albahaca, y el ajo en la licuadora con un buen rociado de aceite de oliva o aceite Udo's and licúalos hasta que se torne una salsa espesa y verde clara. Agrega sal y pimienta al gusto
4. Ahora, revuelve la salsa con la pasta (puede ser tibia si quieres pero NO COCINAELA) colócala en un bol y colocale los tomates

encima junto con la cebolla roja y Rúcula y ¡voila!

5. Una pasta completamente cruda, alcalina y que llena. ¡Brillante!

Gachas De Plátano Y Cebada

Ingredientes:

- ½ taza de cebada

- 3 gotas de stevia líquida

- 1 taza de leche de coco sin azúcar, dividida

- 1 plátano pequeño, pelado y rebanado

- ¼ de taza de cocos, picados

Direcciones:

1. Mezclar la cebada con la mitad de la leche de coco y la stevia en un bol. Cubra y refrigere por aproximadamente 6 horas.
2. Mezcla la mezcla de cebada con el resto de la leche de coco en una cacerola. Cocine por 5 minutos a fuego medio.
3. Cubra con cocos picados y rodajas de plátano. Atender.

Muffins De Calabacín

Ingredientes:

- ½ taza de leche de coco
- 1 cucharadita de extracto de vainilla
- 2 tazas de harina de coco
- 1 cucharada de polvo para hornear
- 1 cucharadita de canela
- ¼ de cucharadita de sal marina
- 1 cucharada de linaza molida
- 3 cucharadas de agua
- ¼ taza de mantequilla de nueces
- 3 plátanos pequeños o medianos demasiado maduros
- 2 calabacines pequeños, rallados

- Complementos opcionales: ¼ de taza de chispas de chocolate y/o nueces

Direcciones:
1. Configure su horno a 375 °F. Engrase una bandeja para muffins con aceite en aerosol.
2. Mezclar la linaza con agua en un bol.
3. Triture los plátanos en un recipiente de vidrio y agregue todos los Ingredientes: restantes. Mezclar bien y dividir la mezcla en la bandeja para muffins.
4. Hornee por 25 minutos. Atender.

Gachas De Mijo

Ingredientes:

- ½ taza de leche de coco sin azúcar
- ½ taza de mijo, enjuagado y escurrido
- 1½ tazas de agua
- Una pizca de sal marina
- 1 cucharada de cocos, picados finamente
- 3 gotas de stevia líquida

Direcciones:

1. Saltee el mijo en una sartén antiadherente durante 3 minutos. Agregue sal y agua. Déjalo hervir y luego reduce el fuego.
2. Cocine durante 15 minutos, luego agregue los INGREDIENTES: restantes. Cocine por otros 4 minutos.
3. Servir con nueces picadas encima.

Alisador De Almendra Y Coco

Ingredientes:

- 500 ml de agua de coco
- 600 g de crema de coco
- 4 cdas. de aceite de linaza
- 4 cdas. de aceite de coco
- 4 cdas. de hojas de cilantro
- 100 g de hojas de albahaca fresca
- 100 g de hojas de menta fresca
- 1 litro de leche de almendras
- Unos cubitos de hielo

Direcciones:

1. Limpiar las hojas de albahaca y menta. Ponerlos en agua hirviendo durante 2 minutos. Colar y reservar el agua.

2. Poner la leche de almendras y la crema de coco en una batidora y batir hasta que estén completamente suaves.
3. Poner las hojas en una licuadora junto con el agua de coco y batir hasta que estén suaves.
4. Añadir la pulpa de coco, el aceite de semilla de lino y los cubitos de hielo a la licuadora. Mezcle hasta que esté suave.
5. Mezclar con el resto del agua de menta y el aceite de coco. Colócalo en un vaso.
6. Servir con unas hojas de cilantro fresco por encima.

Batido De Calabacín Y Calabaza

Ingredientes:

- 400 g de apio
- 2 cucharaditas de sal de cristal del Himalaya
- 4 cucharadas de jugo de limón
- 120 g de pulpa de coco
- 500 ml de agua de coco
- 4 cucharadas de semillas de sésamo
- 600 g de calabaza
- 600 g de rodajas de calabacín
- 360 g de aceitunas frescas (verdes)
- 10 cucharadas de aceite de oliva
- Unos cubitos de hielo

Direcciones:

1. Picar la calabaza y el calabacín en trozos pequeños y colocarlos en el bol con sal y zumo de limón.
2. Mientras tanto, deshuesar las aceitunas y cortarlas en trozos pequeños.
3. Poner las aceitunas en una licuadora junto con la calabaza, el calabacín, el apio y el agua de coco. Mezcle hasta que esté completamente suave.
4. Añadir el aceite de oliva y la pulpa de coco. Mezcla de nuevo.
5. Tostar las semillas de sésamo en una sartén. Añada una cucharada de aceite, si es necesario.
6. Colocar los cubitos en un vaso y verter el batido por encima.
7. Espolvorear las semillas de sésamo por encima y servir.

Smoothie Con Germinados Y Camotes

Ingredientes:

- 300 g - 1 kg de crema de coco
- 400 g de boniato
- 500 ml de agua de coco
- 4 cucharadas de aceite Omega 3
- 4 cucharadas de aceite de oliva
- 200 g de rodajas de zanahoria
- 400 g de germinados de soja
- 300 g de pulpa de coco
- Una pizca de sal del Himalaya
- Una pizca de pimienta negra

Direcciones:

1. Limpiar a fondo los brotes de judías. Hervirlas para que se ablanden.

2. Cortar la batata en trozos pequeños y dejarla hervir hasta que esté blanda. Deje que se enfríen.
3. Poner la crema de coco y la carne en una licuadora y batir hasta que quede suave.
4. Añadir el aceite Omega 3 poco a poco para combinar.
5. Añadir el aceite de oliva de la misma manera y reservar.
6. Poner el agua de coco, las zanahorias, los camotes y los germinados en la licuadora y batir hasta que estén suaves.
7. Colocar la mezcla en un vaso y mezclar con la crema de coco.
8. Use sal del Himalaya y pimienta negra al gusto.
9. Disfrútalo.

Sopa Con Cebolla Y Queso Suizo

Ingredientes:

- ¼ cucharadita de tomillo fresco, picado
- ¼ taza de vino blanco seco
- ½ cucharadita de azúcar
- 8 tazas de caldo de res, con poca sal
- ½ cucharadita de sal
- ½ cucharadita de pimienta negra recién molida
- 8 rebanadas de queso suizo, reducido en grasa, reducido en sodio
- 4 tazas de cebolla roja, en rodajas finas
- 4 tazas de cebolla dulce, en rodajas finas
- 2 cucharaditas de aceite de oliva

Direcciones:

1. Mientras tanto, vierta el aceite de oliva en un horno holandés. Añadir las cebollas. Saltear hasta que estén tiernos. Sazone con azúcar, sal y pimienta.
2. Cocine por 20 minutos a fuego lento mientras revuelve con frecuencia. Una vez que las cebollas tengan un color marrón dorado, vierta un vino blanco seco, caldo de res y tomillo.Dejar cocer a fuego lento durante 30 minutos.
3. Colocar en un molde para pan de jalea. Poner la sopa en cada tazón. Coloque una rodaja de queso encima.
4. Asar hasta que el queso comience a dorarse. Servir.

Sopa De Calabazas

Ingredientes:

- ½ pulgada de jengibre fresco, pelado, cortado en rodajas finas
- 2 cucharadas de cebolletas frescas, rebanadas
- 2 ½ tazas de caldo de pollo, menos sal
- ¼ cucharadita de sal
- Pizca de pimienta
- 4 tazas de calabazas, en cubos
- 4 chalotes, a la mitad
- 1 cucharada de aceite de oliva

Direcciones:
1. Precaliente el horno a 375 grados.
2. Mientras tanto, junte la calabaza, los chalotes, el jengibre, la sal y el aceite de oliva en una sartén.

3. Mezcle bien para combinar. Hornear durante 50 minutos. Dejar enfriar unos minutos.
4. Coloque la mitad de la mezcla de calabaza y la mitad del caldo en una licuadora. Procesar hasta que quede suave.
5. Vierta la mezcla en la olla. Cocinar durante 5 minutos. Decorar con cebollino y pimiento. Servir.

Burrito De Quinoa

Ingredientes:

- 4 dientes de ajo picados
- 1 cucharadita de comino
- 4 cebollas verdes rebanadas (cebolletas)
- 2 limas jugosas
- 1 taza de quinoa (o arroz salvaje)
- 2 latas de 15 oz de frijoles negros
- 2 aguacates en rodajas
- Pequeño puñado de cilantro picado

Direcciones:

1. Cocinar la quinoa o el arroz. En una olla aparte, cocine los frijoles a fuego lento.
2. Mezcle las cebollas, el ajo, el comino, el jugo de limón y permita que los sabores se establezcan durante 10-15 minutos.

3. Cuando la quinoa esté suave, divida en tazones individuales.
4. Capa con frijoles, aguacate y cilantro.

Quinoa Matutina De Avena

Ingredientes:

- 1 cucharadita de semillas de chía
- 1 cucharadita de semillas de cáñamo
- 2 ½ tazas de leche de coco
- ½ taza de quinoa
- 1 cucharadita de canela

Direcciones:

1. Mezcla todos los INGREDIENTES: excepto las semillas de cáñamo y cocina a fuego lento durante 10-15 minutos hasta que el líquido se haya evaporado.
2. Adorna con semillas de cáñamo y sirve.

Ensalada De Quinoa Tailandesa

Ingredientes:

Para el aderezo:

- 3 cucharaditas de vinagre de manzana
- ½ cucharadita de sal marina
- ¼ taza de tahini (mantequilla de sésamo)
- ½ cucharadita de aceite de sésamo tostado
- 1 cucharada de semillas de sésamo
- 1 cucharadita de jugo de limón
- 2 cucharaditas de tamaris
- 1 cucharadita de ajo picado
- 1 fecha marcada

Para ensalada:

- 1 taza de quinoa al vapor
- 1 tomate en rodajas

- 1 puñado de rúcula

- ¼ de cebolla roja cortada en cubitos

Direcciones:
1. En una licuadora, agrega lo siguiente: 2 cucharadas + ¼ de taza de agua, luego los INGREDIENTES: restantes. Mezcla bien.
2. Cocina 1 taza de quinoa en una olla arrocera o al vapor, luego deja que se enfríe.
3. Mezcla la rúcula, la quinoa, la cebolla roja y los tomates en una ensaladera, agrega el aderezo tailandés y mezcla hasta que la ensalada esté completamente cubierta. Disfruta.

Kimchi Casero

Ingredientes:

- 1 zanahoria, cortada en juliana
- Pizca de sal marina
- 1 taza de cebollas verdes, partes verdes cortadas en tiras largas, partes blancas
- Cortado
- Agua , para remojar.
- 1/2 taza de polvo de cayena
- 2 cabezas de napa de col
- 10 dientes de ajo, pelados
- 1 jengibre, picado
- 1 cucharada. Salsa de pescado
- 2 cucharadas. Jugo de limón, recién exprimido

Direcciones:

1. En un tazón grande, junte el repollo, las zanahorias y la sal de napa. Masaje Vegetales para extraer tanta humedad.
2. Vierta el agua hasta que esté completamente sumergido. Selle el recipiente con envoltura de saran.
3. Dejar reposar durante 2 horas. Escurrir pero no enjuagar. Añadir las cebollas verdes.
4. Mientras tanto, para la marinada, agregue los dientes de ajo, el jengibre, el polvo de cayena, la salsa de pescado y el jugo de limón en una licuadora.
5. Procesar hasta que esté suave. Se logra la consistencia.
6. Coloque los vegetales dentro de un tarro de masón. Vierta los INGREDIENTES: de la marinada. Sellar pero no mezclar. Deje reposar el kimchi durante 72 horas a temperatura ambiente.

7. Cada 24 horas, bifurca el kimchi para liberar burbujas de gas. Asegúrese de que las verduras estén sumergidas en el líquido.

Spaghetti Squash Cazuela

Ingredientes:

- 18 onzas tomates cortados
- 8 oz. Queso parmesano, recién rallado
- 4 onzas. queso ricotta
- ½ taza de mantequilla
- ½ cucharadita. sal marina
- 1 calabaza espagueti
- ½ libra de champiñones rebanados
- 1 cebolla picada
- 4 onzas. queso mozzarella
- 6 onzas. pasta de tomate orgánico
- ½ ts p. pimienta negra recién molida

Direcciones:

1. Precaliente el horno a 350 grados F.
2. Perfore la calabaza espaguetis por todas partes con un afilado y colóquela en el microondas y microondas en alta durante unos 20 minutos. dejar enfriar.
3. Derrita la mantequilla en una sartén a fuego mediano . Saltear la carne molida y las salchichas hasta que estén cocidas y desmenuzadas.
4. Agregue el vino tinto y cocine a fuego lento hasta que se reduzca el líquido. Entonces, revuelva en el cebolla y ajo Saltear hasta que estén tiernos.
5. Añadir los champiñones y saltear hasta que estén tiernos. Revuelva en dados a los papas, Pasta de tomate, y condimentos. Saltear hasta que se mezclen.
6. Cortar por la mitad la calabaza espagueti y raspar la carne. Dejar de lado.

7. Extienda la mitad de la calabaza espagueti en una fuente para hornear y luego agregue 2 onzas de mozzarella y ricotta, seguido de 4 onzas de queso parmesano.
8. Coloca un poco de salsa de tomate encima, luego agrega los espaguetis restantes squash.
9. Añadir los quesos restantes, luego cubrir el plato.
10. Hornee por 20 minutos, luego destape y hornee por 20 minutos adicionales.
11. Ajuste el horno a la parrilla y ase la cazuela durante 3 minutos, o hasta que la parte superior esté dorada y crujiente.
12. Colocar en una rejilla de enfriamiento y dejar reposar durante 15 minutos. Cortar en 10 iguales Porciones, luego cubra y refrigere por hasta 5 días. Recalentar antes servicio.

Ensalada De Aguacate Para El Desayuno

Ingredientes:

- 2 tomates
- 2 tortillas
- ½ cebolla roja
- ½ limón
- 1 cucharada de salsa de chile
- 1 aguacate
- ½ paquete de tofu (firme)
- 1 pomelo (rosado)
- 1 puñado de almendras
- 4 puñados de espinacas

Direcciones:
1. Calienta las tortillas en el horno.

2. Luego de que las tengas calientes, hornéalas por 8 – 10 minutos.
3. Corta el tofu, los tomates y la cebolla y déjalos a un lado. Mézclalos en la salsa de chile.
4. Colócala en el refrigerador por un tiempo y permítele que se enfríe.
5. Luego pica el aguacate, el pomelo y las almendras.
6. Mezcla todo junto. Colócalos en el tazón cuidadosamente.
7. ¡Ahora exprime jugo de lima fresco por encima!

Ensalada De Brotes Mixta

Ingredientes:

- 50g de brotes
- 1 puñado de perejil
- 1 cucharada de aceite de coco
- Jugo de limón (fresco)
- 1 pepino
- Pimienta negra
- 1 cebolleta
- Sal marina celta

Direcciones:

1. Pica el perejil en un bol y crea un aderezo de sal, jugo de limón, pimienta y hierbas.
2. Luego, corta el pepino y la cebolleta. Inclúyelos en el aderezo también.
3. Lava los brotes y agrégalos también en el aderezo.

4. Sirve el plato fresco.

Comida De Poder Energizante

Ingredientes:

- ½ brócoli cortado en pequeñas partes
- Un puñado de brotes de frijoles
- 1 porción de fideos de soba
- 1 puñado de hojas e cilantro
- El jugo de una lima
- Salsa de soya
- ¼ repollo rojo cortado en rodajas finas
- 2 puñados de hojas de espinacas
- 2 tomates maduros cortados en rodajas
- ½ cebolla roja cortada en rebanadas
- 4 cebollas de primavera cortadas en rebanadas

- ½ pepino cortado en varas finas
- 1 zanahoria cortada en pequeñas varas o en espiral
- Opcional: un puñado de brotes de alfalfa

Direcciones:

1. Rasga el cilantro y exprime el jugo de limón encima para marinarlo un poco
2. Corta todo en rebanadas y prepara los fideos de soba
3. Mézclalos juntos en un gran bol para ensaladas con la salsa de soya y ¡a comer!
4. Esta comida es 100% cruda pero con la calidez y substancia de los fideos
5. Si quieres mantener esta comida alcalina entonces puedes usar Bragg ya que la salsa de soya es acida en el cuerpo.

Zanahorias Guisantes Y Brocoli En Salsa De Curry De Coco

Inredientes:

- 200 ml de caldo de verduras libre de levadura
- 1 limón
- 2 cucharada de aceite de coco
- 2 cucharadas de polvo de curry
- Opcional: sal del Himalaya o sal marina celta
- 500 gramos de brócoli
- 400 gramos de zanahorias
- 200 gramos de guisantes frescos o congelados
- 2 cebollas de tamaño mediano
- 3 dientes de ajo
- 200 ml de leche de coco (sin endulzar)

- Pimienta negro recién molida

Direcciones:

1. Pela las cebollas y córtalas en pedazos pequeños
2. Pela los dientes de ajo y córtalos en pedazos pequeños
3. Lava y drena el brócoli y las zanahorias. Separa los floretes de brócoli del tallo y córtalos en rebanadas cortas
4. Calienta 2 cucharadas de aceite en una gran sartén. Fríe la cebolla gentilmente, junto con el ajo y el polvo de curry. Rostízalo levemente
5. Agrega el brócoli y las zanahorias, sazónalo con un poco de sal y fríelo un poco.
6. Vierte la leche de coco y el caldo de verduras, sazónalo con ½ cucharada de la cascara limón rallada y cubre la sartén con una tapa. Cocina gentilmente por 12 minutos
7. Sazona el curry con sal, pimienta, 1 cucharada de limón y polvo de curry. Rápidamente

regrésala al fuero hasta que hierva y luego sirve

Fritura De Verduras Y Yaca

Ingredientes:

- 2 pimientos rojos, sin semillas y picados
- 3 tazas de yaca firme, sin semillas y picada
- 1/8 cucharadita de pimienta de cayena
- 2 cucharadas de hojas de albahaca fresca, picadas
- 2 cebollas pequeñas, finamente picadas
- 2 tazas de tomates cherry, finamente picados
- 1/8 cucharadita de cúrcuma molida
- 1 cucharada de aceite de oliva
- Sal al gusto

Direcciones:

1. Saltee las cebollas y los pimientos morrones en una sartén engrasada durante 5 minutos. Agregue los tomates y cocine por 2 minutos.
2. Agregue la cúrcuma, la sal, la pimienta de cayena y la yaca. Cocine por 8 minutos.
3. Adorne con hojas de albahaca. Servir caliente.

Panqueques De Zucchini

Ingredientes:

- 4 cucharadas de semillas de lino molidas
- 2 cucharaditas de aceite de oliva
- 2 chiles jalapeños, finamente picados
- 12 cucharadas de agua
- 6 calabacines grandes, rallados
- Sal marina, al gusto
- ½ taza de cebollines, finamente picados

Direcciones:

1. Mezcle agua y semillas de lino en un bol y reserve.
2. Calienta el aceite en una sartén antiadherente grande a fuego medio y agrega el calabacín, la sal y la pimienta negra.

3. Cocine durante unos 3 minutos y transfiera los calabacines a un tazón grande. Agregue las cebolletas y la mezcla de semillas de lino y mezcle bien.
4. Precalienta una plancha y engrasa ligeramente con aceite en aerosol. Vierta aproximadamente ¼ de la mezcla de calabacín en la plancha precalentada y cocine durante unos 3 minutos.
5. Voltee el lado con cuidado y cocine por unos 2 minutos más. Repita con la mezcla restante en tandas y sirva.

Hash De Calabaza

Ingredientes:

- ½ taza de cebolla, finamente picada
- 2 tazas de calabaza espagueti
- 1 cucharadita de cebolla en polvo
- ½ cucharadita de sal marina

Direcciones:

1. Exprima el exceso de humedad de la calabaza espagueti con toallas de papel. Coloque la calabaza en un bol, luego agregue la cebolla en polvo, la cebolla y la sal. Revuelve para combinar.
2. Rocíe una sartén antiadherente con aceite en aerosol y colóquela a fuego medio.
3. Agrega la calabaza espagueti a la sartén. Cocine la calabaza durante 5 minutos, sin tocar.

4. Con una espátula, voltea las croquetas de patata. Cocine por 5 minutos más o hasta alcanzar el punto crujiente deseado. ¡Servir y disfrutar!

Batido De Vegetales Y Granada Con Remolacha

Ingredientes:

- 4 pimientos rojos
- 1 litro de agua de coco fresca
- Unos cubitos de hielo
- 1 cdta. de jengibre en polvo
- 700 g de semillas de granada
- 300 g de rodajas de remolacha dulce
- 400 g de tomates cherry
- 80 g de sandía
- 2 limones, jugosos

Direcciones:

1. Poner el zumo de limón en un recipiente pequeño.

2. Desgranar la granada y colocarla en un recipiente con el zumo de limón.
3. Ahora, pelar y cortar la remolacha y el resto de los ingredientes.
4. Colocar los INGREDIENTES: en una licuadora. Jugo bien.
5. Colocar en un recipiente.
6. Añadir el agua de coco y mezclar. Verter las copas.
7. Añadir el polvo de jengibre y los cubitos de hielo. Revuelva bien.

Zumo De Calabacín Rápido

Ingredientes:

- 300 g de nabo fresco
- 500 ml de agua (alcalina)
- Unos cubitos de hielo
- 600 g de rodajas de calabacín
- 4 hojas grandes de col rizada
- 240 g de rábano fresco
- Un poco de Stevia para endulzar

Direcciones:

1. Colocar las hojas de col rizada en agua con hielo después de limpiarlas con agua corriente.
2. Cortar el calabacín en trozos pequeños.
3. Pelar el rábano y el nabo. Se pela aún más para hacer virutas finas.

4. Colocar el calabacín, el rábano, la col rizada y el nabo en una licuadora. Extraer el jugo.
5. Mezclar con agua (alcalina) y stevia al gusto.
6. Disfrute!

Jugo De Coco Y Limón

Ingredientes:

- 1 litro de agua de coco
- 500 ml de zumo de limón
- Una pizca de sal del Himalaya
- Un puñado de hojas de aragula
- Un puñado de hojas de cilantro
- 4 cucharadas de hojas de menta fresca
- Unos cubitos de hielo

Direcciones:

1. Limpie el cilantro y la aragula.
2. Colocar en una licuadora y extraer los jugos. Deje a un lado.
3. Lavar y picar las hojas de menta.
4. Mezclar el zumo de cilantro con el zumo de limón y el agua de coco.

5. Verter en un vaso y cubrir con la sal y la menta.
6. Servir con cubitos de hielo añadidos
7. Disfrute!

Sopa De Berenjenas Y Zanahoria

Ingredientes:

- 1 cucharadita de cilantro molido
- 1 cucharadita de paprika
- ½ cucharadita de comino molido
- Jugo de ½ limón
- Jugo de ½ naranja
- 2 pintas de papel de cualquier tipo.
- 3 zanahorias, picadas
- 1 cucharada de puré de tomate
- 2 berenjenas, peladas y picadas.
- 2 cebollas, picadas
- 2 tallos de apio, en rodajas finas
- 2 dientes de ajo, picados

- 3 tomates, picados

- Pizca de chiles secos

- Dos latas de tomates, picados

- Pizca de sal

- Pizca de pimienta

Direcciones:

1. En una cacerola de fondo grueso, combine las berenjenas, la cebolla, el apio, el ajo, los tomates, los chiles, el cilantro, el pimentón, el comino, los jugos y el caldo. Tapar y dejar cocer a fuego lento durante 5 minutos.

2. Agregue las zanahorias y vierta más caldo. Cocinar durante 2 minutos. Agregue el puré y los tomates enlatados. Condimentar con sal y pimienta. Dejar cocer a fuego lento hasta que todas las verduras estén tiernas.

3. Haga un puré con la sopa en una licuadora y devuélvala a la cacerola. Cocinar a fuego lento y servir.

Sopa De Pepino, Aguacate Y Calabacín

Ingredientes:

- 1 aguacate maduro.
- 1 pepino, picado
- 1 calabacín, picado
- Jugo de ½ limón
- Pizca de sal
- 2 puñado de hojas de espinaca
- 2 tazas de caldo de hongos
- ¼ de taza de cebolletas frescas, picadas
- Pizca de pimienta

Direcciones:
1. Vierta las espinacas, caldo de champiñones, cebolleta, aguacate, pepino, calabacín, jugo de limón, sal y pimienta en la licuadora.

2. Procesar hasta que quede suave.
3. Vierta la porción recomendada en tazones y servir de inmediato.

Patatas Con Chilles

Ingredientes:

- ¼ cucharadita de pimienta de cayena
- 2 cucharadas de azúcar morena
- ½ cucharadita de sal
- 4 camotes, en cubos
- 1 cucharadita de chile en polvo
- 2 cucharadas de aceite de oliva

Direcciones:

1. Precaliente el horno a 400 grados F.
2. Poner las patatas y el aceite de oliva en una bolsa con cierre. Agregue el azúcar moreno, la pimienta de cayena y el chile en polvo. Mezcle bien y asegúrese de cubrir todo.
3. Transfiera a la fuente para hornear.
4. Colocar dentro del horno y hornear 45 minutos sin tapar. Revuelva cada 15 minutos hasta que esté hecho.

5. Deje que se enfríe un poco antes de servir.

Desayuno Guerrero Chía

Ingredientes:

- ½ cucharadita de canela
- ½ cucharadita de vainilla
- ¼ taza de almendras picadas
- 1 taza de leche de almendra o coco
- 4 cucharadas de semillas de chía
- 1 cucharada de copos de coco

Direcciones:

1. Durante la noche, mezcla la leche y las semillas de chía en un frasco. Agrega las almendras picadas, la vainilla y la canela.
2. Cubre bien con una tapa y agita la mezcla hasta que esté combinada. Refrigera durante la noche.

3. Por la mañana, vierte la mezcla en dos tazones. Decora con hojuelas de coco o frutas frescas.

Aderezo De Sésamo Asiático Y Fideos

Ingredientes:

Para el aderezo:

- ½ cucharadita de néctar de coco líquido
- ½ cucharadita de jugo de limón
- 2 cucharaditas de tamaris
- 2 cucharadas de tahini (mantequilla de sésamo)
- 1 diente de ajo picado

Para la ensalada de fideos:

- 1 cebolleta picada
- 1 cucharada de semillas de sésamo crudas
- 1 calabacín en espiral (fideos) o un paquete de fideos de algas marinas
- Opcional: pimiento rojo en rodajas/zanahoria

Direcciones:

1. En una ensaladera, mezcla todos los INGREDIENTES: del aderezo y mezcla bien con una cuchara.
2. Prepara los fideos de calabacín con un espiralizador o pon fideos de algas marinas en agua tibia durante unos minutos para que se lave el líquido con el que están empaquetados.
3. Mezcla el aderezo en los fideos y revuelve bien. Espolvorea con semillas de sésamo encima y sírvelo.

Papas Al Ajo Al Horno

Ingredientes:

- 1 cucharadita de sal de ajo
- 1 cucharadita de hojas secas de albahaca
- 4 papas rojas medianas, cortadas en gajos.
- 2 cucharaditas de aceite de oliva

Direcciones:

1. Precaliente el horno a 500 grados F. Cubra una cacerola de 15x10 con aceite en aerosol.
2. Combine las patatas con aceite. Es la mezcla para combinar. Añadir la sal de ajo y la albahaca. Colóquelo en la parte inferior de la sartén.
3. Hornear durante 15 minutos, sin tapar hasta que estén tiernos y crujientes. Agitar la mezcla a medio camino a través de la cocina. Servir.

Kale And Leeks Sal Ad

Ingredientes:

Para la ensalada

- 2 tallos de apio, picados
- ½ hojas de cupcilantro, rasgadas
- 1/2 taza de semillas de calabaza, asadas
- 2 puerros, picados
- 6 tazas de col rizada , rallado
- ½ hojas de cupmint, rasgadas
- ½ hojas de cupbasil, rasgadas

Para el aderezo

- 1 cucharada de azúcar de palma, desmenuzada
- Pizca de sal
- Pizca de pimienta blanca

- 2 dientes de ajo machacados

- 1 chile verde, picado aproximadamente

- 2 gotas de aceite de chile, opcional

- 1 chile plátano, picado

Direcciones:

1. Vierta los INGREDIENTES: del aderezo en una botella pequeña con tapa hermética.
2. Agitar bien hasta que la sal y el azúcar se disuelvan. Gusto; ajustar el condimento si es necesario . Dejar de lado.
3. Excepto las semillas de calabaza, coloque los INGREDIENTES: de la ensalada en un tazón grande. Rociar en la mitad del aderezo; tirar bien
4. Cucharear porciones iguales en platos. Agregue más aderezo si lo desea; espolvorear las semillas de calabaza en la parte superior. Servir inmediatamente.

Sopa De Zanahoria Y Jengibre

Ingredientes:

- ½ cucharadita de cúrcuma en polvo
- 1 cucharada de jengibre, picado
- 1 taza de crema de coco
- 3 tazas de agua
- 1 cucharada de miel cruda
- 4 zanahorias, peladas y picadas
- 1 cucharada de ajo, picado
- Pizca de sal marina

Direcciones:

1. Coloque las zanahorias picadas, el ajo y el jengibre en una cacerola y vierta agua. Sazone la mezcla con sal, polvo de cúrcuma y miel y revuelva.

2. Ponga la estufa en medio-alto y deje que la sopa hierva a fuego lento durante 30 minutos o hasta que las zanahorias estén tiernas. Apagar el calor
3. Coloque una taza de inmersión en la cacerola y mezcle la sopa hasta que esté cremosa. Vierta la crema de coco y el jugo de limón en la sopa y revuelva.
4. Deje que la sopa se enfríe completamente antes de colocarla en el refrigerador. Servir frío.

Platanos Al Estilo Foster

Ingredientes:

- ¼ taza de aceite de oliva
- ½ cucharadita de canela molida
- 4 cucharadas de azúcar de confitería
- 4 plátanos maduros, cortados en trozos pequeños en forma de d
- 3 cucharadas de miel
- 1 cucharadita de extracto de vainilla

Direcciones:

1. Combine 1/2 cucharadita de canela molida y azúcar de repostería en una fuente para hornear. Mezclar bien.
2. Sumergir los lados de la prohibición ana en la mezcla. Dejar de lado.
3. En una sartén, calentar el aceite de oliva. Cocine los plátanos por 3 minutos o

hasta que estén dorados. Cocer en tandas y repartir entre los platos de postre.
4. En un bol, combinar el extracto de vainilla y la miel. Vierta la salsa sobre los plátanos cocidos. Servir.

Puré De Garbanzos

Ingredientes:

- 1 montón de col rizada
- 2 cucharada de aceite de coco
- 1 chalote
- 3 cucharadas de pasta de ajo
- 400g de garbanzos
- Sal marina celta al gusto

Direcciones:

1. Pica el chalote en un bol y luego fríelo. Luego, agrega algo de pasta ajo en el aceite.
2. Espera que se doren. Ahora agrega algo de ajo, cebolla y col rizada.
3. Agrega los garbanzos. Cocina por alrededor de 6 minutos.
4. Ahora agrega el resto de los INGREDIENTES: y mezcla bien.

5. El plato está listo.

Desayuno De Quínoa Y Manzana

Ingredientes:

- ½ taza de quínoa

- ½ Limón

- 1 Manzana (Grande)

- Canela

Direcciones:

1. Ve los pasos dados en el paquete de quínoa. Cocínala según estos pasos. Luego, agrégale agua.
2. Hierve agua y cocina a fuego lento durante al menos 15 minutos.
3. Ahora toma una manzana y rállala. Agrégala a mezcla y cocina durante 30 segundos más.
4. Coloca la mezcla en un tazón y espolvorea algo de canela por encima.
5. Sírvelo.

6. También puede agregar pasas y almendras si gustas.

Avena Fría

Ingredientes:

- ½ taza de yogurt
- ½ cucharadita de canela
- ½ cucharada de mantequilla de maní
- ½ banana (en rebanadas)
- ½ taza de bayas
- ½ Taza de leche descremada
- ½ taza de avena
- Sal (al gusto)

Direcciones:

1. Mezcla leche, sal, avena y yogurt en un tazón. Luego agrega la mezcla en un frasco de vidrio.
2. Sella el frasco y deja que permanezca dentro del refrigerador durante la noche.

3. Agrega rebanadas de banana y bayas junto con la canela mientras lo sacas para el desayuno en la mañana.
4. ¡ESTOFADO CATALAN ALCALINO!

Un Estofado Delicioso, Cálido Y Que Llena

Ingredientes:

- 1 cucharada pequeña de hilos de azafrán (opcional)
- 3 hojas de laurel frescas
- 1 tomate de ciruela
- 250 ml de agua o caldo de pescado
- 650 gramos de pescado blanco firme (brema, abadejo, bacalao, rape) fileteado o tofu
- 100 gramos de almendras tostadas molidas
- 1 limón cortado en porciones
- 6 cucharadas de aceite de oliva
- 1 cebolla española grande picada
- 2 bulbos de hinojo cortados
- 1 chile rojo picado finamente

- 1 cucharada de semillas de hinojo molidas
- 2 dientes de ajo molidas
- ½ cucharada pequeña de pimentón dulce en polvo
- 1 cucharada de hojas de tomillo
- Quínoa y verdes primaverales

Direcciones:

1. Calienta un poco de agua en una sartén grande y saltea las cebollas, hinojo, chile, granos de hinojos molidos por unos pocos minutos
2. Agrega el pimentón dulce, tomillo, azafrán, hojas de laurel y tomates y cocina hasta que se convierta en una salsa espesa
3. Agrega el caldo de pescado (o agua) y hiérvelo a fuego lento
4. Coloca los pedazos de pescado o de tofu y revuelve con las almendras

5. Calienta por un minuto o dos and sirve con verdes para sazonar y pedazos de limón

Minestrones Abundante En Bondad

Ingredientes:

- ¼ de cebolla roja
- 2 clavos de ajo
- ½ taza de frijoles
- 1 cucharada de aceite de coco
- 1 taza de caldo de verdura
- 1 taza de jugo de tomate (fresco o comprado)
- ½ taza de berenjena
- ½ taza de batata
- ½ taza de calabacín
- ½ taza de zanahoria
- Sal del Himalaya y pimienta negra

Direcciones:

1. Lava y corta las papas, berenjena, y el calabacín y corta la zanahoria y cebolla
2. En una sartén grande, saltea gentilmente estos INGREDIENTES: en el aceite de coco por alrededor de 2 minutos
3. Agrega los frijoles, caldo de verdura y jugo de tomate
4. Cocina a fuego lento por 8-10 minutos
5. Revuélelo con albahaca y sazona al gusto

Gachas De Semillas De Cáñamo

Ingredientes:

- 3 tazas de semillas de cáñamo cocidas

- 1 paquete de stevia

- 1 taza de leche de coco

Direcciones:

1. Combina el arroz y la leche de coco en una cacerola a fuego medio durante 5 minutos. Asegúrate de revolver constantemente.
2. Retire la sartén del fuego y agregue la Stevia.
3. Divida en 6 tazones. ¡Servir y disfrutar!

Mezcla De Verduras

Ingredientes:

- 1 cucharadita de sal marina
- 1 jalapeño, picado
- ½ taza de calabacín, en rodajas
- 1 taza de tomates cherry, cortados por la mitad
- ½ taza de champiñones, rebanados
- 1 taza de floretes de brócoli, cocidos
- 1 pimiento morrón, de cualquier color, sin semillas y en rodajas
- Jugo de ½ lima
- 2 cucharadas de cilantro fresco
- ½ cucharadita de comino
- 1 cebolla dulce, picada

Direcciones:

1. Rocíe una sartén antiadherente con aceite en aerosol y colóquela a fuego medio.
2. Agrega la cebolla, el brócoli, el pimiento morrón, los tomates, el calabacín, los champiñones y el jalapeño.
3. Cocine durante 7 minutos o hasta alcanzar el punto de cocción deseado. Revuelva de vez en cuando.
4. Agrega el comino, el cilantro y la sal. Cocine por 3 minutos mientras revuelve.
5. Retire la sartén del fuego y luego agregue el jugo de lima.
6. ¡Divídalo en platos para servir, sirva y disfrute!

Quinua Y Especias De Calabaza

Ingredientes:

- 1 plátano grande, triturado
- 1/4 taza de puré de calabaza
- 1 cucharadita de especia de calabaza
- 1 taza de quinua cocida
- 1 taza de leche de coco sin azúcar
- 2 cucharaditas de semillas de chía

Direcciones:

1. Mezclar todos los INGREDIENTES: en un recipiente.
2. Selle la tapa y agite bien para mezclar.
3. Refrigere durante la noche.
4. Atender.

Té Helado De Limón Con Pepino

Ingredientes:

- 1,5 litros de agua (alcalina)
- 500 ml de zumo de limón
- Stevia para endulzar
- Unos cubitos de hielo
- 600 g de pepino
- Unas hojas de menta

Direcciones:

1. Hervir 500 ml de agua.
2. Limpiar bien el pepino y retirar la médula de ambos extremos.
3. Córtelo en círculos finos o en trozos pequeños - o simplemente use un espiral.
4. Colocar en un bol y añadir la stevia.
5. Verter el agua caliente por encima y dejar reposar durante 10 minutos.

6. Mientras tanto, mezclar un litro de agua con el zumo de limón y ponerlo en la nevera.
7. Triturar el hielo.
8. Colar el agua de pepino y añadir los cubitos de hielo.
9. Añadir el zumo de limón frío. Espolvorear unas hojas de menta cortadas en trozos grandes por encima y servir.

Té De Chile Caliente

Ingredientes:

- 250 ml de zumo de limón

- 4 cucharadas de hojas de menta

- 2 cucharadas de Rooibos

- 10 cucharadas de copos de chile rojo

- 2 litros de agua (alcalina)

- Unos cubitos de hielo

Direcciones:

1. Hervir el agua.
2. Añadir la raíz de Rooibos.
3. Después de 5 minutos, añada las hojuelas de chile y apague el fuego.
4. Dejar reposar durante 5 minutos.
5. Usar un colador para destilar el agua y colocarla en una taza.
6. Mezclar con el zumo de limón y remover.

7. Añadir los cubitos de hielo para enfriar el líquido.
8. Una vez frío, cubrirlo con las hojas de menta picadas y servir.

Jugo De Coco Y Agua Con Pimienta

Ingredientes:

- Una pizca de pimienta negra
- 500 ml de agua de coco
- 500 ml de leche cruda de almendras
- Un puñado de hojas de menta fresca
- 250 ml de zumo de limón
- 600 g de rodajas de pepino
- 480 g de hierba de trigo
- 25 g de jengibre picado
- Una pizca de sal del Himalaya
- Unos cubitos de hielo

Direcciones:

1. Lavar todas las verduras.

2. Añadir las rodajas de pepino y la hierba de trigo a lo largo del jengibre en una licuadora. Extraer sus jugos.
3. Colocar en un frasco.
4. Añadir agua de coco y leche de almendras. Mezcle hasta que esté suave.
5. Servir con las hojas de menta encima. Sazone con pimienta negra y sal del Himalaya.
6. Añadir cubitos de hielo.
7. Disfrute!

Ensalada De Verduras Y Hongos Moo Shu

Ingredientes:

- 2 cucharadas de salsa hoisin
- 1 taza de cebollas verdes, cortadas diagonalmente
- 3 cucharadas de vinagre de arroz
- 2 cucharadas. salsa de soja, baja en sodio
- 1 cucharadita de aceite vegetal
- 2 tazas de agua hirviendo
- 4 tazas de repollo verde, en rodajas finas
- 1 taza de pimiento rojo, en rodajas finas
- 1 cucharada. jengibre picado
- 2 dientes de ajo, picados
- 1 ½ taza de hongos de madera seca

- 3 huevos, ligeramente batidos

- 1 cucharadita de aceite de sésamo oscuro

Direcciones:

1. Vertir el agua hirviendo en un tazon. Añadir los hongos. Ponga a un lado, cubierto durante 30 minutos o hasta que los hongos estén blandos.
2. Cortar los hongos en tiras.
3. Mientras tanto, calentar la sartén a fuego medio. Una vez caliente, vierta los aceites vegetales y de sésamo. Agregue los huevos y cocine por 2 minutos. Transfiera los huevos cocidos a un plato. Dejar de lado.
4. Saltear el ajo y el jengibre. Cocinar durante 1 minuto. Añadir los hongos, el repollo y el pimiento. Cocinar durante 2 minutos.
5. Agregue la cebolla, el vinagre de arroz y la salsa hoisin. Cocinar durante 1 minuto. Añadir los huevos cocidos. Servir.

Pasteles De Verduras

Ingredientes:

- 1 patata, cortada en cubitos
- ¼ taza de mantequilla
- 1 cucharadita de extracto de levadura
- ¼ libra de hongos, picados
- 1 nabo, pelado y cortado en cubitos.
- 1 cebolla, en rodajas finas
- 1 masa de trigo integral para la corteza.
- 1 huevo batido
- ½ taza de queso cheddar, rallado
- 1 huevo
- 1 zanahoria, cortada en rodajas finas
- ¼ taza de leche

- 2 cucharadas de Agua

- Pizca de sal

- Pizca de pimienta

Direcciones:
1. Precaliente el horno a 400 grados.
2. Cortar la masa de pastelería en cuatro porciones iguales. Enrollar la masa en forma cuadrada. Dejar de lado.
3. Mientras tanto, coloque una sartén a fuego medio. Calentar la mantequilla hasta que se derrita. Saltear la cebolla y cocinar por 2 minutos o hasta que esté transparente.
4. Agregue la zanahoria, la papa, el nabo, los champiñones y el agua. Cocinar durante 10 minutos. Revuelva hasta que estén bien combinados.
5. Disolver la levadura en un bol.
6. Vierta la leche. Añadir el huevo. Vierta la mezcla a las verduras. Cocine hasta que la

mezcla espese. Condimentar con sal y pimienta. Añadir el queso. Retírelo del calor.

7. Dejar enfriar unos minutos.
8. Vierta ¼ del relleno en cada plaza de pastelería. Doblar en diagonal. Presione los bordes para sellar. Pincelar con el huevo batido.
9. Coloque los pasteles en la bandeja para hornear. Coloque dentro del horno y cocine por 30 minutos, o hasta que esté dorado. Servir.

Pasta De Calabacines Con Verduras

Ingredientes:

- 1 cucharadita de ajo, picado
- ¼ cucharadita de hojuelas de perejil seco
- ¼ taza de crema batida pesada
- ¼ cucharadita de tomillo seco
- ½ cucharadita de sal
- ¼ cucharadita de pimienta
- 2 cucharadas. aceite de oliva
- 2 calabacines, procesados en fideos como espaguetis
- 1 taza de calabaza de verano, picada en trozos pequeños
- ½ taza de hongos, en rodajas
- 1/3 taza de cebolla, picada finamente

- 1 cucharada de harina para todo uso

Direcciones:

1. Coloque la pasta de calabacín en una olla. Agregue el agua y cocine por unos minutos. Dejar de lado.
2. Mientras tanto, vierta el aceite de oliva en una sartén. Una vez caliente, agregar la cebolla y el ajo. Saltear durante 3 minutos.
3. Añadir las setas y la calabaza de verano. Continuar cocinando hasta que estén tiernos.
4. En un tazón, bata la crema, la harina y las hojuelas de perejil seco. Vierta la mezcla en la sartén con las verduras. Cocine por 3 minutos hasta que la mezcla espese.
5. Mezclar la pasta de calabacín en la mezcla de verduras. Cocinar durante 3 minutos. Servir.

Jugo De Manzana Y Limón

Ingredientes:

- 4 limones
- 4 manzanas
- 90 g de rodajas de jengibre
- 500 ml de infusión de romero, enfriada
- 500 ml de infusión de tomillo, enfriada
- 4 dientes de ajo, pelados

Direcciones:

1. En primer lugar, hacer una infusión de romero y tomillo y reservar para que se enfríe. Deben estar ligeramente calientes, pero no hirviendo.
2. Ahora, jugo de limones, manzanas, jengibre y ajo.

3. Poner la infusión de romero en un vaso grande. Agregue los INGREDIENTES: jugosos y revuelva bien.
4. Beba ligeramente caliente.
5. Disfrute!

Menta-Lavanda-Té

Ingredientes:

- Un puñado de flores de lavanda
- 2 ramos de hojas de menta
- 1,3 litros de agua (alcalina)

Direcciones:

1. Limpie bien las flores de lavanda con agua corriente.
2. Picarlo en trozos grandes y ponerlo en una cacerola grande.
3. Limpie y corte las hojas de menta en trozos grandes y agréguelas a la sartén.
4. Añadir el agua a la olla y dejar que hierva.
5. Una vez que empiece a hervir, baje el fuego y cocine a fuego lento durante 5 minutos.
6. Colar y verter en una taza.
7. Su té de menta y lavanda está listo para servir.

Jugo De Jengibre Y Limón

Ingredientes:

- 250 ml de zumo de limón
- 2 cucharaditas de cúrcuma en polvo
- Un puñado de hojas de cilantro
- Cubitos de hielo de jengibre (jugo y congele un poco de jengibre en cubitos de hielo)
- 2 cucharadas de comino en polvo
- Una pizca de sal del Himalaya
- 2 cucharaditas de pimienta
- 500 ml de agua tibia (alcalina) a mano

Direcciones:

1. Mezclar el agua con el zumo de limón.
2. Añadir el comino en polvo y mezclar hasta que se disuelva al menos la mitad.

3. Cubrir con las hojas de perejil fresco y espolvorear 2 cucharaditas de polvo de cúrcuma.
4. Añadir una pizca de sal del Himalaya y pimienta negra.
5. Cubra con los cubitos de hielo.

Jugo De Canela Y Coco

Ingredientes:

- 90 g de rodajas de jengibre peladas
- 4 dientes de ajo, pelados
- 2 nabos (conservar el ramo largo de su cabeza verde), picados
- 1 litro de leche de coco
- Jugo de 4 limas
- 900 g de espinacas, lavadas y secas
- Una pizca de canela en polvo

Direcciones:

1. Mezclar las espinacas, el jengibre, el nabo y el ajo en una licuadora. Extraer su jugo.
2. Mezclar el zumo fresco con la leche de coco en un tarro.
3. Añadir el zumo de limón y mezclar bien.

4. Cubra con canela en polvo.
5. Disfrute!

www.ingramcontent.com/pod-product-compliance
Lightning Source LLC
LaVergne TN
LVHW020440070526
838199LV00063B/4798